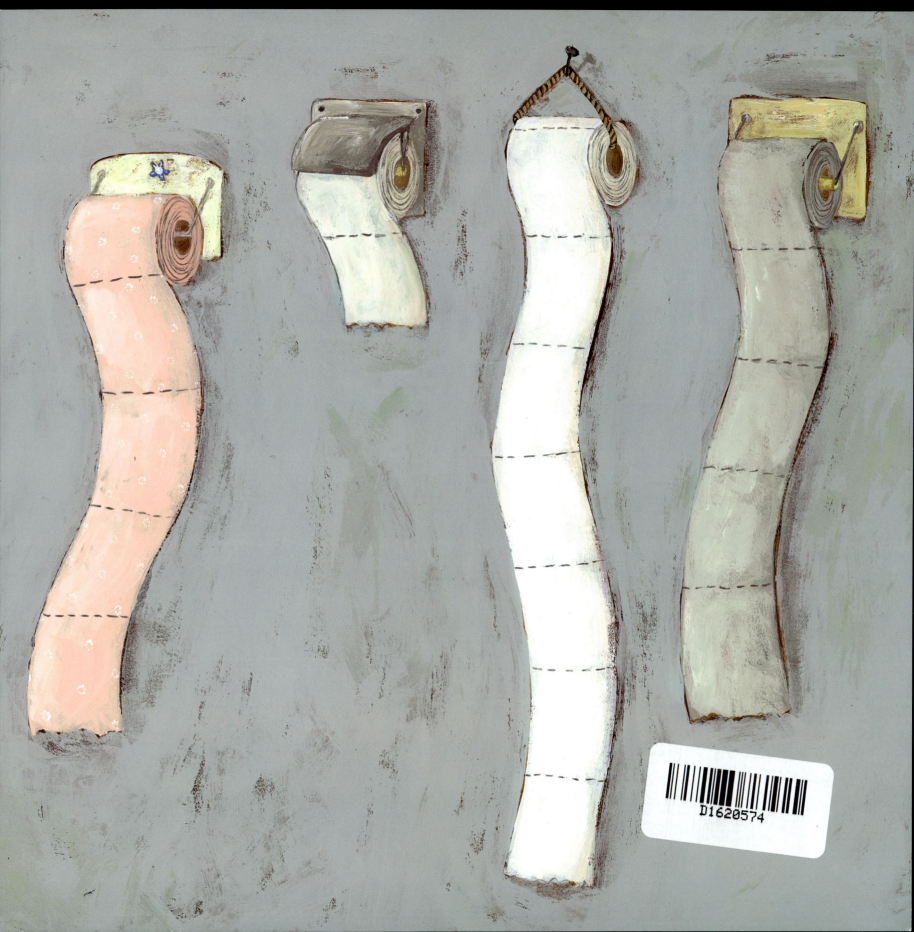

Dieses Bilderbuch entstand mit Unterstützung
der VR-Bank Rhein-Sieg eG im Rahmen des
TROISDORFER BILDERBUCHSTIPENDIUMS 2004

5 6 7   12 11 10
Copyright © bei Carlsen Verlag GmbH, Hamburg 2005
Typografie und Herstellung: Steffen Meier
Druck: Narayana Press, Gylling
Bindung: Jysk Bogbind
ISBN 978-3-551-51652-7
Printed in Denmark

Alle Bücher im Internet: www.carlsen.de

Muss mal Pipi

Manuela Olten

CARLSEN

Als ich noch klein war, hatte ich Windeln an.
Das war einfach, weil ich da nicht aufs Klo gehen musste.
Aber Windeln sind für Babys.

Ich und meine Freunde sind schon echt groß.
Natürlich haben wir keine Windeln mehr an.
Aber das ist auch nicht immer so einfach.

Wenn ich dort mal groß muss, legt meine Mama Klopapier aufs Klo. Da setz ich mich dann drauf. Ist gar nicht so einfach, weil immer alles verrutscht.

Mama geht mit mir immer aufs Mädchenklo.

Bei unserem Arzt darf ich mich aufs Klo setzen, auch ohne Klopapier drunter.

Der hat so ein Klo, das macht sich selbst sauber.
Man muss nur einen Knopf drücken.

Man kann auch zweimal drücken, oder dreimal, und immer wieder macht sich das Klo sauber.

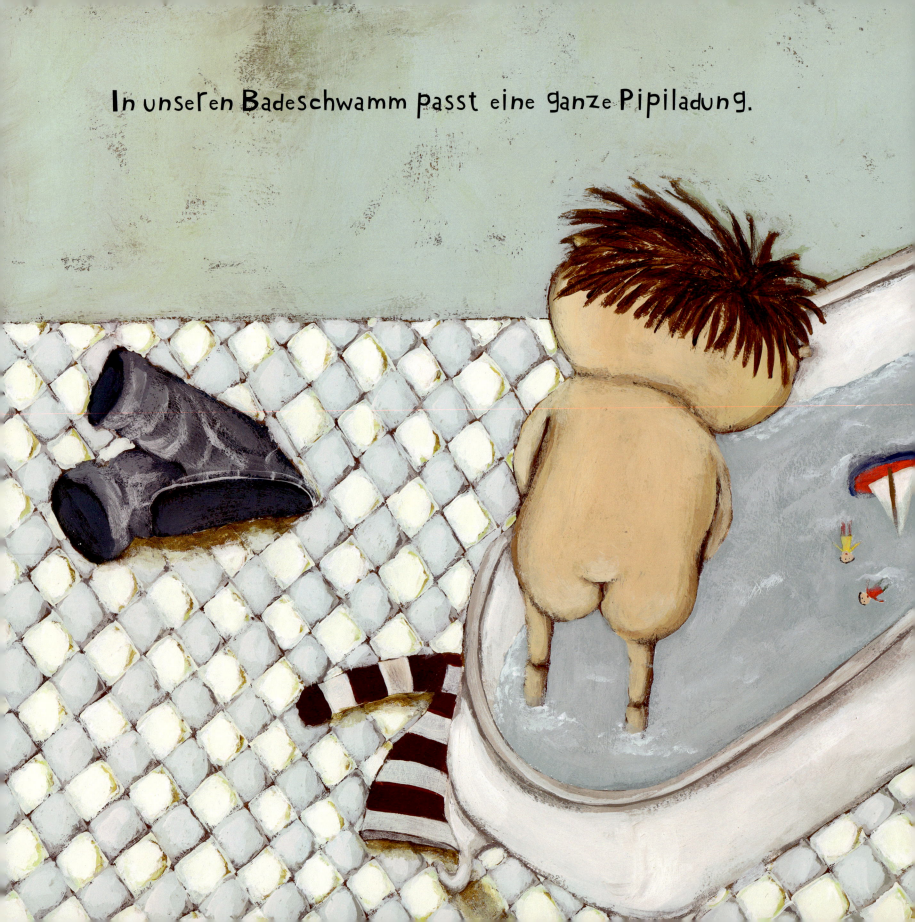

Aber sauber sind die bestimmt nicht.

Ich glaube, ich hab das alles so gemacht,
 wie meine Mama es mir beigebracht hat.
 Ich bin eben schon groß.

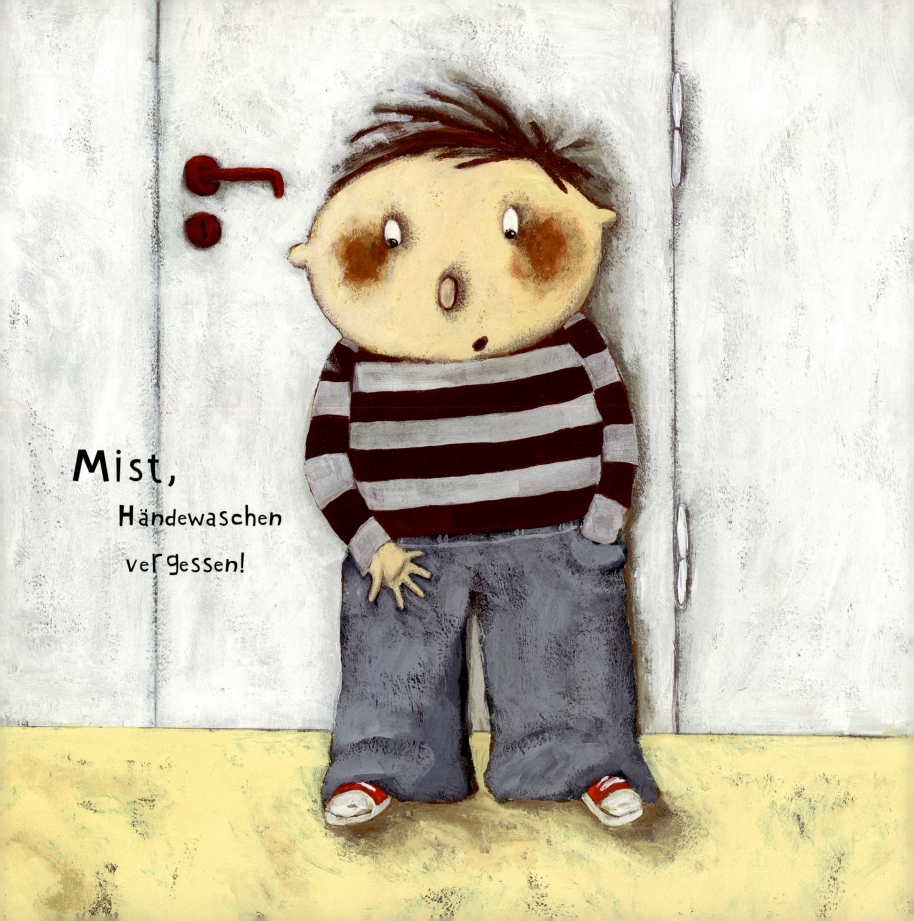